感谢埃莱娜·让东和安娜·德拉布莱对本书进行审读。

感谢弗朗索瓦丝·马特对本书充满信心，还要感谢卡洛琳·德鲁奥热情地完成了本书的出版工作。

——安妮克·德吉里

走出来的世界简史

〔法〕安妮克·德吉里◎著

〔法〕克里斯托夫·梅兰◎绘

邓颖平◎译

培养孩子全球史观的手绘读本

北京科学技术出版社

目 录

前　言

丝绸之路，途经漫漫荒漠、茫茫草原和皑皑雪山。香料之路，通往神秘的国度。食盐之路，穿越无边无际的沙漠。黄金之路，充满诱惑又残酷无情。茶叶之路，千帆竞向东印度**群岛**①。每条路都有各自的特色、情怀和韵味。

虽然这些路都充满未知的挑战和危险，但数百年间，无数探险家纷纷踏上这些连接不同大洲的路，而且一走就是数月，甚至数年。

牧民、商人、信使和朝圣者在这些路上相遇、同行、告别。通过他们，货物、思想、宗教、技术实现了交换与传播。

有些人出发之前就知道自己即将经历的一切都是极为特殊和珍贵的，他们会在休息间隙通过日记来记录路上发生的点滴，如食盐之路上的年轻人的日记；有些人则在归国后才意识到经历的特别，于是开始讲述自己的冒险经历，比如马可·波罗。这些行程记录如同请柬，邀请后人踏上前人走过的路，追随他们的脚步去探寻、去相遇。

---

① 书中此类粗体词的释义见书后人物表和术语表。

欧洲

热那亚 威尼斯

伊斯坦布尔
（旧称君士
坦丁堡）

地中海

开罗

尼日尔

阿加德兹 比尔马

非洲

安的列斯群岛

南美洲

大西洋

茶叶之路 —— 丝绸之路 —— 黄金之路 —— 香料之路 —— 食盐之路 ——

2

喀什　敦煌　中国

西安
（旧称长安）

广州

巴格达

麦加

阿拉伯半岛

印度

孟加拉湾　太平洋

斯里兰卡
（旧称锡兰）

苏门答腊岛

加里曼丹岛

爪哇岛　马鲁古群岛

印度洋

马达加斯加

3

4

丝绸之路

——梦想——

　　"丝绸之路"这个名称既能让人联想到丝绸这种柔软而珍贵的面料，也能让人想象到旅途中惊险刺激的经历。这个诞生于十九世纪的说法指的不仅仅是一条路，还是数千年来将中国与地中海沿岸的港口连起来的巨大贸易网络。在所有交换的货物中，奢华的丝绸被拿出来给这条商路冠名。这条路将带领我们踏上一段精彩纷呈的旅程。

热那亚　威尼斯

黑海

伊斯坦布尔
（旧称君士坦丁堡）

地中海

安条克（古地名）

大马士革

巴格达

亚历山大港

埃及

红海

阿拉伯半岛

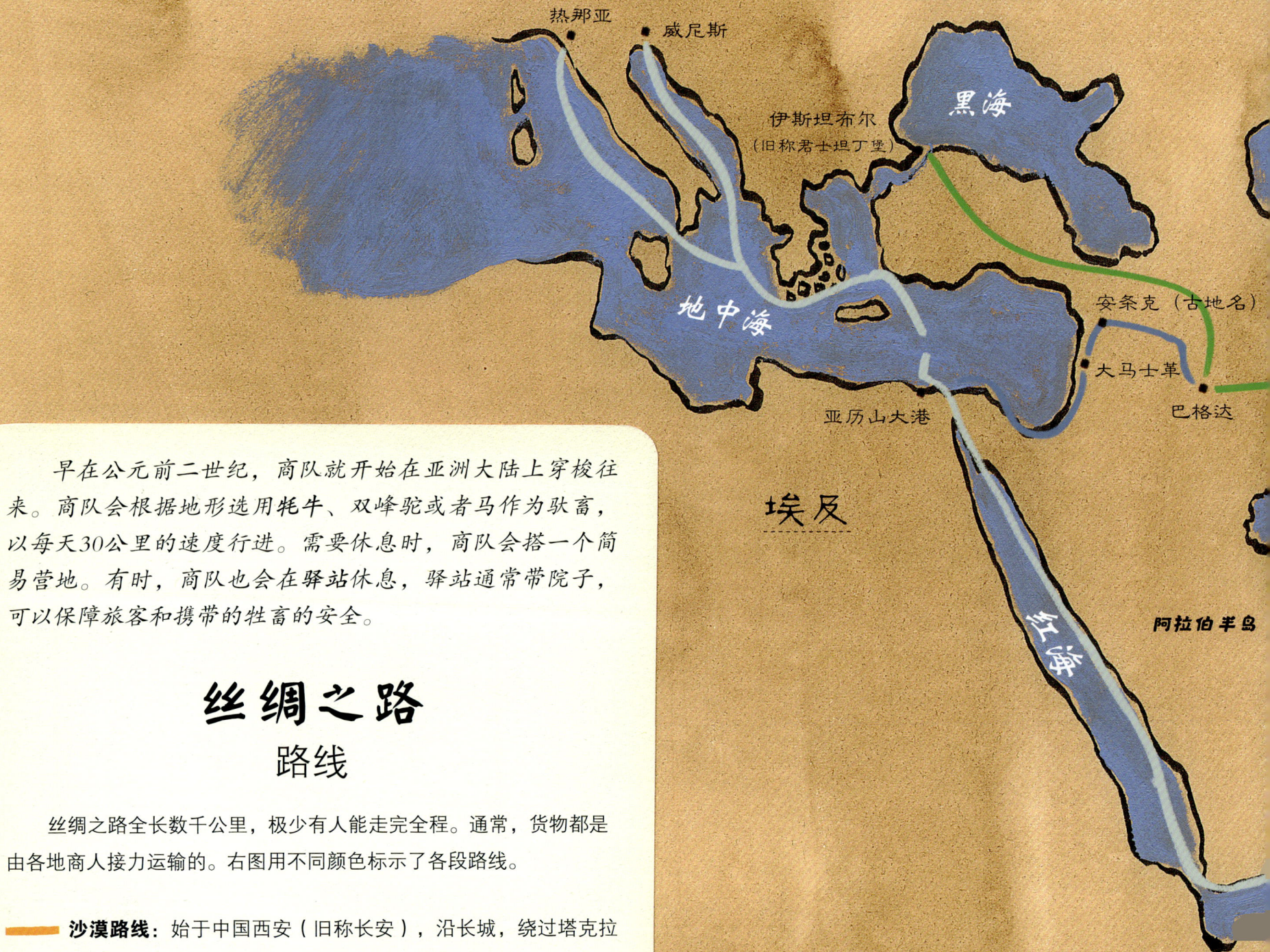

早在公元前二世纪，商队就开始在亚洲大陆上穿梭往来。商队会根据地形选用**牦牛**、双峰驼或者马作为驮畜，以每天30公里的速度行进。需要休息时，商队会搭一个简易营地。有时，商队也会在**驿站**休息，驿站通常带院子，可以保障旅客和携带的牲畜的安全。

丝绸之路
路线

丝绸之路全长数千公里，极少有人能走完全程。通常，货物都是由各地商人接力运输的。右图用不同颜色标示了各段路线。

━━━ **沙漠路线**：始于中国西安（旧称长安），沿长城，绕过塔克拉玛干沙漠。塔克拉玛干的意思是"进去就出不来的地方"。

━━━ **草原路线**：要想翻越海拔7000多米的帕米尔高原，人和牲畜都要加倍努力。下雪时，人们会给牦牛的蹄子裹上毯子，以免它们脚底打滑，跌下山崖。这条路通向中亚名城撒马尔罕，最终抵达伊斯坦布尔（旧称君士坦丁堡）。

━━━ **地中海路线**：旅人们穿过恬静的果园、花园以及欣欣向荣的田野，来到地中海的重要港口。

━━━ **海上丝绸之路**：动荡时期，商人更青睐海路，香料贸易也走这条路线。商船从中国广州出发，终点为热那亚和威尼斯。

蒙古

费尔干纳

撒马尔罕

库车

喀什

塔克拉玛干沙漠

马雷（旧称梅尔夫）

敦煌

西安
（旧称长安）

巴尔赫（旧称巴克特拉）

和田

阿富汗

中国

卡拉奇

广州

马斯喀特

印度

果阿

南海

金奈（旧称马德拉斯）

卡利卡特

斯里兰卡
（旧称锡兰）

马来西亚

苏门答腊岛

印度洋

启程前怀揣的梦想

启程前，人们憧憬在旅途中遇到各种场景：奇珍异宝在买卖，不同文化在碰撞，发明创造在传播，时时处处都有相遇和交流。启程时，他们怀揣什么样的梦想？有的人想征服世界，有的人想寻找信仰的起源，更多的人想获得财富。不过，出发之前，所有人都对旅途中可能遇到的危险心存担忧。

征服者

公元前四世纪
丝绸之路的先驱者亚历山大大帝

亚历山大大帝东征使希腊文明与中亚文明以及印度文明相互交融。他连通了东西方，他走过的路就是后来的丝绸之路。

公元前四世纪，年轻的马其顿国王亚历山大率兵向亚洲进发。他先挑战强大的波斯军队，不断向东推进，称雄中亚，然后一直打到印度边境。直到疲惫不堪的军队拒绝继续前进，这场进攻才停止。值得一提的是，亚历山大并非一介武夫，他对各地的风俗人情饶有兴趣，还推动了希腊人和亚洲人通婚。因为他，希腊文明和印度文明这两种完全不同的文明相遇了，并产生了一种独特的文明——现阿富汗东部和巴基斯坦北部的犍陀罗文明，那里的一些佛像面容和古希腊神话中的**阿波罗**有几分相似。亚历山大帝国横跨欧亚，覆盖了后来的丝绸之路沿线的大多数国家。

公元前二世纪
丝绸之路的开拓者张骞

公元前139年，张骞首次出使西域，使中国与中亚各国建立了联系，这是丝绸之路真正的开端。

公元前二世纪，北方**匈奴**频繁侵扰，当时，这个骑术精湛的民族是中原王朝最强大的敌人。为了对抗这一游牧民族，汉武帝派侍卫官张骞出使西域，去执行双重任务——寻找盟友并带回能承受身披铠甲的骑兵的强壮马匹。

张骞带着一百多名随从启程了，不幸的是，他们被匈奴抓住并囚禁了起来。在被囚禁十三年、历经数次逃跑失败后，张骞最终和一名随从成功逃脱。这次出使只有他们两人活着回到长安。他们带回大量关于中亚各民族的信息，比如他们的生活方式、贩卖的东西、行走的路线。张骞第二次出使西域带回了一些**信使**和一种名马——传说中的"**汗血宝马**"。因为张骞，中国开始开展对外贸易。在运送的货物中，丝绸被当作货币和外交礼品，"丝绸之路"由此得名。

十三世纪
丝绸之路的重开者成吉思汗

他缔造了蒙古帝国。在他的统治下，丝绸之路得以恢复。

十三世纪初，**成吉思汗**统一蒙古各部。其后几十年间成吉思汗和他的后继者们不断扩张领土，欧亚大陆很多地方都在蒙古帝国的统治之下。

十三世纪
使丝绸之路进入鼎盛期的忽必烈

商队穿梭在如此广阔的地域，路途遥远，充满危险。但是有一位皇帝确保了这条商路的安全……

中国和欧洲位于丝绸之路的两端，处于中间地带的民族经常发生冲突，导致沿途局势不太稳定，旅程也变得异常危险。

1260年，成吉思汗的孙子**忽必烈**继承汗位，改国号为元。他维护了连接广袤帝国一端到另一端的各条路线的安全，实现了蒙古和平。人和货物自由通行，经济文化蓬勃发展。丝绸之路进入鼎盛期。

朝圣者

不同出身的人带着各自的信仰上路了。各种宗教沿着丝绸之路传播开来。基督教的聂斯托利派——景教在游牧部落生根发芽。公元一世纪，源于印度的佛教传播到塔里木盆地，随后进入中原地区。公元七世纪，游牧民族信奉的伊斯兰教在阿拉伯半岛兴起，之后迅速传入中亚。寻找宗教本源或希望将宗教发扬光大的朝圣者或传教者的路线与商人的路线时常出现交集。

高僧玄奘

公元628年，僧人**玄奘**离开中国，徒步前往印度求取真经。他想去**佛陀**诞生的国度搜集佛教经典。他可能会死在劫掠者的乱棍之下，可能会因缺水和寒冷的天气而丧命，还有可能在陡峭的山路上坠崖身亡。一开始就有好几个同伴在塔里木盆地北部丧命。旅途中，玄奘侥幸躲过了一个向导的谋害。后来，在戈壁滩，他又一度迷失了方向。更严重的是，他找不到水源。最后，他决定随便选条路走，不再回头。这一次，他找对了路，得救了。

到了印度，心潮澎湃的玄奘用了十六年时间游遍圣地，寻访大小寺院和图书馆，带着大量经书踏上归途。他把最珍贵的卷轴绑在马和大象的背上，然而一些典籍还是在路途中遗失了。回到中国，他被授予各种荣誉，但他选择幽居寺院，开始翻译那些他历经坎坷带回来的典籍。

信使

处于丝绸之路两端的中国商人和欧洲商人无法直接联系，因为处在中间的那些民族强迫商人通过他们中转货物，这样他们就可以通过周转和倒卖获取丰厚的利润。虽然丝绸之路两端的商人无法走完全程，一些信使却走完了全程。

方济各会修士

十三世纪，罗马教皇和法国国王短短几年间先后派多名修士去觐见蒙古**大汗**，希望和他成为盟友，如果有可能的话，让蒙古人皈依天主教，但修士们都没能达到预期的目标。不过，西方人和蒙古人建立了直接联系，修士还带回了关于蒙古帝国的珍贵信息。

商人

从西方运往东方的货物有棉毛织物、珍珠、葡萄、玻璃器皿和金银器。而从东方运往西方的货物有香料、茶叶、纸、瓷器、宝石，还有大名鼎鼎的丝绸，这条商路就是因此得名的。罗马人对这种精美无比的织物爱不释手，因为丝质的衣服穿在身上轻如无物。

马可·波罗

十三世纪，丝绸之路因蒙古帝国的统治获得了短暂的和平，威尼斯商人马可·波罗从丝绸之路的西端旅行到了东端。他的游记在很多欧洲人的心中播撒下一个大大的东方梦的种子。

1271年，十七岁的马可跟随从商的父亲和叔叔从家乡威尼斯出发。他们的目的地是遥远的中国。他们一路舟车劳顿、忍饥挨饿，先长时间搭乘桨帆船和无篷长船，后来又穿越炎热的沙漠和极寒的荒原，最终抵达目的地。元世祖忽必烈友善地接待了他们一家，并很快注意到足智多谋的马可。之后很多年，他们被忽必烈派去帝国各处执行任务，没时间返回家乡。多年以后，他们终于等到了一次任务，可以借机回国。

离开威尼斯时，马可·波罗还是个十来岁的毛头小子，十四年后回到威尼斯，已没有人能认出他，不过当他展示缝在衣服里的珍珠和宝石的时候，不再有人怀疑他和同伴的身份！马可精彩的一生并没有就此结束。三年后，他在热那亚人和威尼斯人的争斗中被俘。在牢房里，他和一位不幸的作家成了朋友，这位作家建议马可把自己的奇妙旅程记录下来，《马可·波罗游记》就这样诞生了。当时，这是一本名副其实的奇迹之书！在中世纪，这本书就大放异彩。所有人都梦想着踏上这条通向丝绸和香料的神奇商路。

发明创造和技术保密

从生产到最后到达目的地，一件商品会在很多商人手中流转，穿越不同民族统治的疆土。语言的隔阂给生产技术的保密提供了便利。作为最伟大的发明者，中国人有很多值得珍藏的秘密。

在夜间歇脚的地方，在成千上万旅人走过的路上，各种语言相遇了，波斯语、土耳其语、汉语、阿拉伯语……中亚地区使用的语言超过十七种，人们只需算出商队至少要配备的译员数量，就能估算出旅程的距离。这些交流使不同的观点、技术和信仰发生碰撞，成为丝绸之路上真正的财富。

丝绸的秘密

中国织造丝绸已有数千年历史，相传蚕丝是在大约五千年前被黄帝之妃嫘祖发现的。有一次，嫘祖因为过度劳累病倒了，茶饭不思。部落里的女人们决定上山给嫘祖摘些果子吃，她们在一片桑树林里发现了一种白色的小果子，于是摘了一些回来。结果她们发现这种小果子怎么咬都咬不动，于是就放在水里煮，可是煮了好一会儿还是咬不动，有个女人急了就拿木棍在水里乱搅了一阵，谁知，木棍上缠绕了许多细如发丝的白丝线。嫘祖非常聪明，询问白色小果子是从哪里摘的，后来弄清楚原来这是桑蚕茧。桑蚕织的茧最能抽出1500米长的丝！

长期以来，丝绸的来源对西方人来说一直是个秘密。后来，几位印度僧侣把蚕种藏在空心手杖中带到拜占庭帝国的首都君士坦丁堡，献给了皇帝。于是在公元六世纪，君士坦丁堡掌握了养蚕技术。

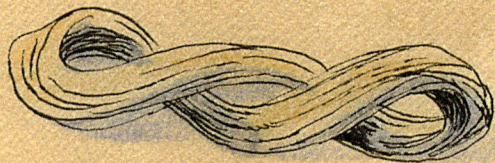

造纸的秘密

公元前二世纪，中国人发明了纸。之后的几百年中，造纸术一直被保护得很好。公元751年，阿拉伯人抓了一些中国造纸匠，把他们安顿在撒马尔罕。正是因为这些工匠，撒马尔罕成了造纸中心。后来又过了四百年，欧洲人才掌握了造纸术。

瓷器的秘密

瓷器贸易也依赖丝绸之路。瓷器的原料是高岭土，这种精细罕见的泥土是公元一世纪被中国人发现的。长期以来，欧洲人认为瓷器是用碎贝壳制成的，直到十八世纪，他们才知道其中的奥秘。

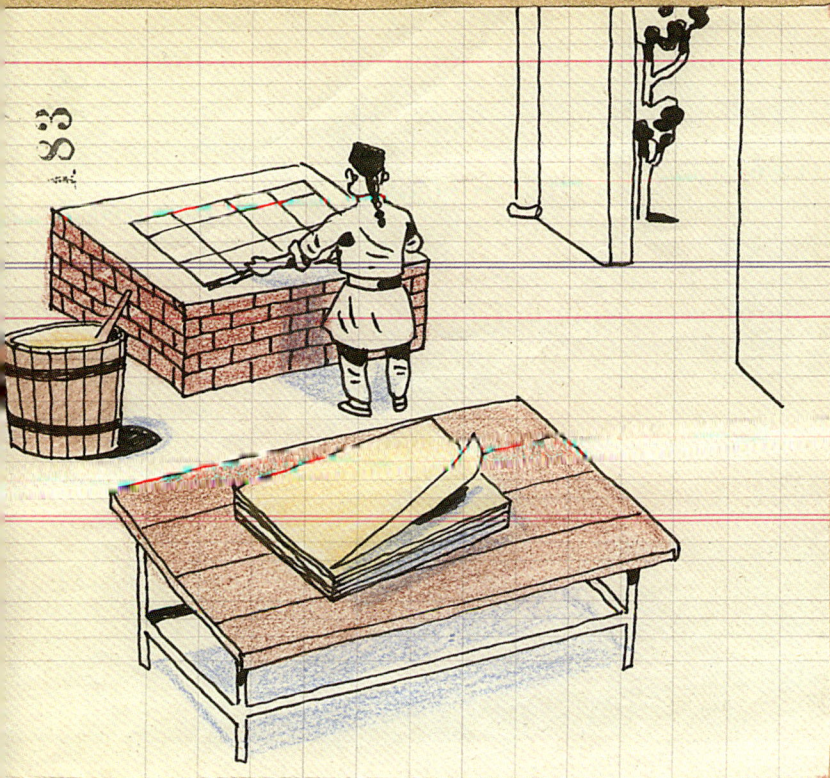

印刷的秘密

公元七世纪，中国人在平整的木板上刻字然后印刷（雕版印刷术），这样就可以大规模翻印重要的典籍。敦煌出土的《**金刚经**》是世界上现存最早的、标有确切日期的雕版印刷品。《金刚经》是玄奘从印度带回中国的众多经书之一。

十一世纪中叶，中国人毕昇发明了活字印刷术。在西方，直到1455年，古腾堡才在德国发明了类似的技术！

今天的梦想

丝绸之路中断

十四世纪，元朝的统治被推翻，取而代之的是明朝。明朝的疆域大为收缩，丝绸之路的东段中断了。在接下来的一个世纪，在丝绸之路的另一端，土耳其人占领了君士坦丁堡，欧洲人难以靠近地中海，丝绸之路的西段也中断了。从十五世纪开始，丝绸之路渐渐被人们淡忘。

二十世纪，丝绸之路重获新生，再度点燃探险家和学者的激情。今天，人们不再通过它运输和交换货物，而去探寻这些交流给沿线国家带来的变化。

雪铁龙"东方之旅"

1931～1932年，两支车队重走了丝绸之路。车队由雪铁龙半履带汽车组成。一支从黎巴嫩贝鲁特出发，另一支从天津出发。他们准备在新疆会合，然后一起前往北京。两支车队在出发后很快就遭遇了天气和地形变化带来的挑战。超过50℃的高温导致汽油蒸发、水箱爆裂；道路被山体滑坡吞没；极寒天气下，热汤在几分钟内就冻成冰块；其中一支车队被劫持了几个月……尽管一位领队因肺炎不幸去世，但"东方之旅"汽车拉力赛活动最终取得了成功。这是技术上的突破，也是人类的壮举，因为这场冒险对技术和人的挑战极大，两者都必须拥有超乎想象的韧性。

丝绸之路，对话之路

联合国教科文组织1988～1998年进行的一项研究表明，通过丝绸之路，古希腊思想、波斯地区的习俗和中亚各地的艺术传入印度和中国。这正是最早的文化融合的案例！沿线国家人民之间持续的对话使他们意识到他们共同拥有巨大财富。

现在就出发

今天，从头到尾走完丝绸之路依然相当困难，需要穿越政局极不稳定的国家。不过，走完其中的几段还是有可能的。有时人们会借道香料之路，它和丝绸之路的部分路线是重合的。

香料之路

——神秘——

　　踏上香料之路就像打开魔盒，走进一个遥远而神秘的世界。那里有丰富的色彩、独特的滋味和新奇的气味。大多数香料的产地不在欧洲。为了获取香料，欧洲的探险家和商人通过海路和陆路开始艰苦的远征，亚洲、非洲和欧洲因此产生密切联系。开始探险前，读读后面的香料和芳香植物指南，它可以帮助你成为一名合格的香料商。

往欧洲带哪些货物?

自古以来，人们对香料就十分着迷。可以说，人的一生离不开香料。

肉豆蔻

芫荽

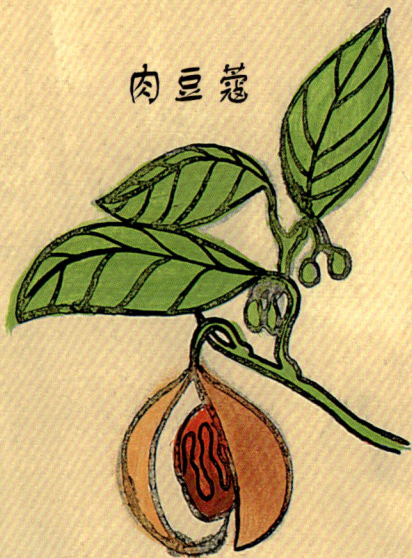

藏红花

肉桂

改善食物风味的香料

几小撮香料就能把食材变成香气四溢、颇有异国情调的菜肴。香料一般只取用植物的一部分，如藏红花的柱头、胡椒的种子、芫荽的种子、姜的根茎、丁香的花蕾、肉桂树的树皮、肉豆蔻的种子。到了中世纪，人们不仅用香料保存食物，还用香料改善食物的风味。贵重的香料甚至成了财富和地位的象征，成为贵族的一种炫富手段。

散发着芬芳的香膏

没有香料，就做不出香膏。古埃及的贵妇们大量使用香膏，还用雕刻精美的盒子保存它们。

有药用价值的药草

在古埃及，神殿旁边常设有医学院，因为祭司也会治病。祭司会用药草来治病，有的药草可以促进消化，有的药草可以使人放松或者兴奋，还有的可以解毒或者治疗鼠疫。

用于保存遗体的防腐香料

当人的生命走到尽头，香料还可以用来保存遗体。人们在古埃及的木乃伊中发现了肉桂和丁香的碎屑。为了把死在东征路上的**圣路易**运回法国，人们用加了香料的葡萄酒浸泡保存他的遗体。

丁香

姜

神圣的气氛

    香料十分神秘，可以刺激人的感官，让人心生神圣感。法国国王加冕时涂的圣油就由橄榄油、香料和药草混合而成。至于祭祀所用的熏香，它燃烧后飘向空中的那一缕缕芬芳的轻烟，是人与神对话的媒介。

尊贵的象征

    香料曾经是非常尊贵的礼品。公元五世纪时，曾有部落向"上帝之鞭"阿提拉献上几大包胡椒，希望匈奴人不攻打他们。胡椒还可以作为赎金交换人质。

胡椒

高昂的价格

    香料产量不高，运输极为困难，而且路途遥远，充满危险。运输时间越长，香料的价格就越高，最高可以达到成本价的四十倍。人们甚至把胡椒当成货币使用。在拜占庭，士兵和官员的一部分工资是用香料结算的。香料的拉丁语名称是species，现代法语里的payer en espèces（现金支付）就来源于此。香料很轻，不占地方，售价极高，对商人来说是堪称完美的货物。

香

选哪条路？

走陆路还是海路？

比起为运送丝绸等货物而开拓的陆路，香料商更喜欢走海路，因为海路路程短、运费低。

公元二世纪，人们通过观察掌握了**季风**的规律，海上航行变得更加便捷。夏季，商船可以被由西向东吹的季风推着，从亚丁湾或者霍尔木兹海峡驶向印度。冬季，季风转向的时候，商船又可以快速从印度返航。

一艘船的运力相当于两千匹骆驼的运力，也就是二十多支商队的运货量的总和。与走陆路相比，走海路不仅可以节省大量的时间，还不必在每个中转城市支付高昂的关税。战争时期，海路是最安全的。十四世纪末，明朝与西方的陆路交通中断，香料贸易从此主要依赖海路。

熏香的非洲之路

乳香和没药主要产自非洲东岸和阿拉伯半岛南部，准确地说，是在索马里和埃塞俄比亚。这两种植物香料非常珍贵，《圣经》上说，它们和黄金是东方三智者献给出生不久的耶稣的三件礼物。索马里和埃塞俄比亚制作的熏香随船沿红海北上，分别抵达开罗和大马士革。走阿拉伯半岛这条路的商队要穿越沙漠，他们在绿洲中的城镇歇脚，这一商贸活动使绿洲地区越来越富饶。公元七世纪，伊斯兰教出现以后，朝圣者也通过这条路前往圣城麦地那（旧称叶斯里卜）和**麦加**。这些城市从此也成为商贸枢纽。

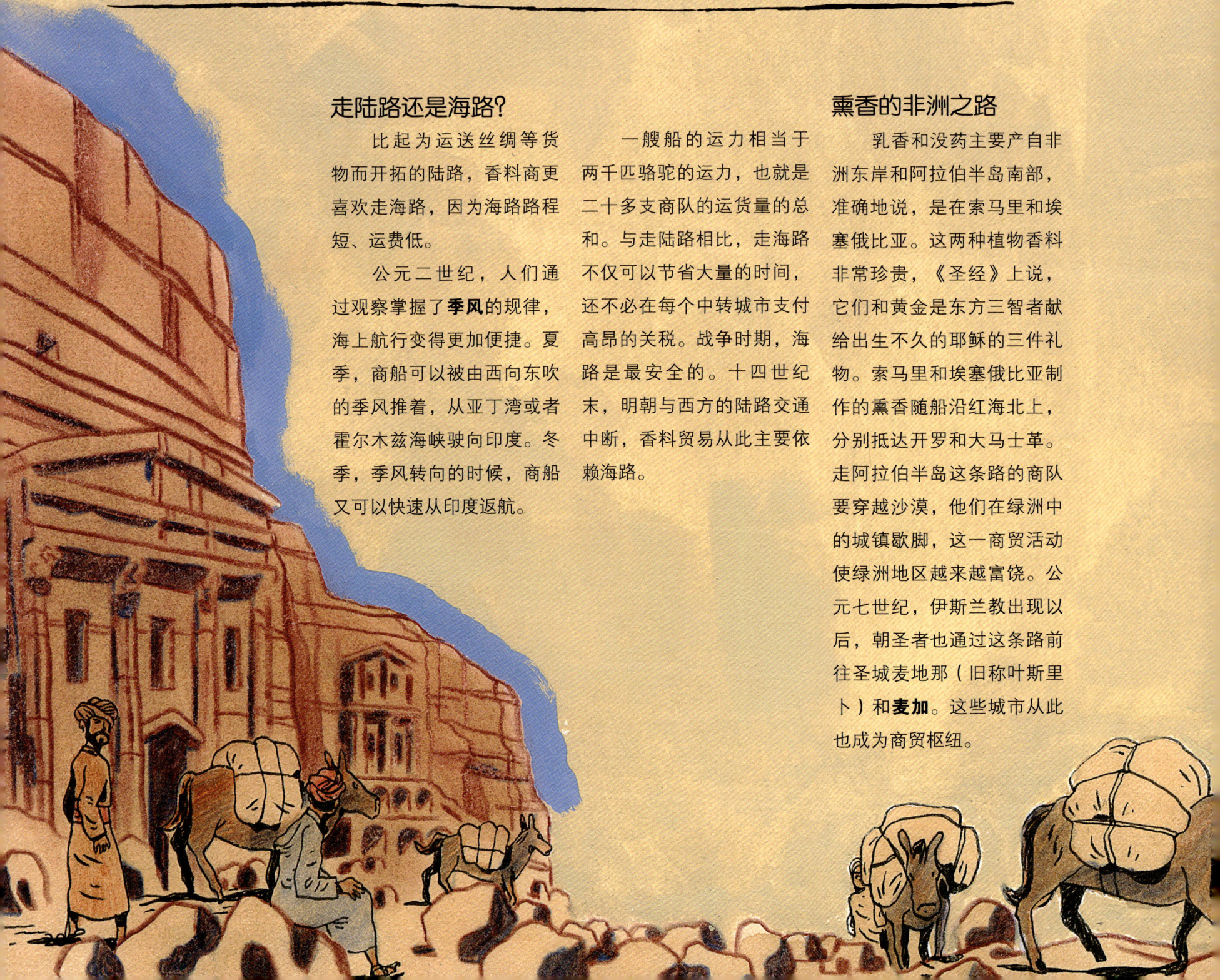

热那亚
威尼斯

伊斯坦布尔
(旧称君士坦丁堡)

大马士革
巴尔米拉

历山大港
开罗
佩特拉
麦地那
麦加

波斯湾
霍尔木兹海峡

阿拉伯半岛

阿拉伯海

红海

亚丁湾

印度洋

埃塞俄比亚

索马里

卡利卡特

斯里兰卡
(旧称锡兰)

马来西亚

苏门答腊岛

马鲁古群岛
(旧称香料群岛)

谁从中受益？

那些有幸中转货物的城市得到迅速发展。
控制了海路的阿拉伯人和往欧洲分销香料的意大利人也发了大财。

中转城市

古时候，香料之路经过佩特拉，当时的佩特拉十分富饶，这座从岩壁中开凿出来的城市通过堤坝、水渠、蓄水池组成的引水系统，逐步变成花园城市。

后来，公元一世纪左右，巴尔米拉接替佩特拉，日趋繁荣。从草原来的商队在这里中转，之后沿底格里斯河、幼发拉底河到入海口，从那儿搭船前往印度和印度洋沿岸各港口。

另一边，公元前一世纪，罗马人控制埃及时，印度的香料和熏香制品先运抵亚历山大港，然后从那儿借助船只运到地中海沿岸其他国家。

阿拉伯帝国的垄断

公元八世纪以来，伴随着阿拉伯帝国的扩张，伊斯兰教向阿拉伯半岛以外广泛传播，阿拉伯语也因此得到推广。随后，阿拉伯人用一百年时间控制了沙漠商队贸易，他们还控制了地中海东岸和印度洋的海上贸易。这种垄断直到十五世纪末才被葡萄牙人打破。

热那亚和威尼斯

香料和贵重货物运抵地中海之后，很快就会通过热那亚和威尼斯发往欧洲其他地区。热那亚和威尼斯之间多次掀起第一港口之争。作为香料贸易中转枢纽的君士坦丁堡更青睐威尼斯。十四世纪末，威尼斯战胜热那亚，成为第一大港。

21

行前读什么？

由于缺乏书面的旅行指南，商人之间多通过口述传承旅行的相关知识。

在香料之路上，人们传颂着水手**辛巴达**的故事。公元九世纪，这位巴格达商人决定去海的那边寻找财富，旅途中他历经千难万险，最终衣锦还乡。没过多久，对冒险的渴望促使他再次出发。就这样，辛巴达七次离开家乡出海远航，并七次顺利返回。他的航行范围很广，从印度到中国，从印尼到非洲大陆，都有他的足迹。

《辛巴达历险记》记载了他的诸多传奇经历——遭遇恐怖的海洋生物、战胜强大的独眼巨人以及在生长着会使人昏迷的草药的小岛上历险等。他的一些遭遇会使人联想到《奥德赛》里的**奥德修斯**——源自古希腊神话的人物。这本书还向人们展示了辛巴达在印度洋航行的经历，比如他如何利用季风乘风破浪。

水手 辛巴达

伊本·白图泰

　　比马可·波罗晚出生五十年的**伊本·白图泰**也是位旅行家。他一生中有二十多年漂泊在外，行程达数千公里。他不是商人，驱使他前行的是宗教信仰。二十一岁时，他决定去麦加朝圣，那是每个穆斯林一生至少要去一次的地方。之后，他喜欢上了旅行，于是决定去伊斯兰教的其他圣地以及所有信徒生活的地方探访。他去过非洲、欧洲和亚洲，这表明伊斯兰教当年的传播范围很广。伴随着宗教的传播，阿拉伯语也得到了广泛推广。伊本·白图泰会说阿拉伯语，因此他可以轻易地搭上商队的顺风车或者登上穆斯林的船只。

　　在印度卡利卡特，他看到了巨大的中国帆船，惊叹不已。在非洲和亚洲，他和运送奴隶的车队同行，奴隶是商队的特殊商品。在马里的运盐路上，他在塔加扎发现了一座完全用盐建成的清真寺。一些地方的名流非常欣赏他的经历和文化修养，因此，他还给那些人当过一段时间的顾问。

　　《伊本·白图泰游记》是中世纪史上最有名的游记之一。

香料之路，进步之源

公元七世纪起，海路成为最常用的商路。航行次数越多，水手对世界的观察就越细致，他们的航海技术也日臻完善。

罗盘

星盘

测量方向和距离

　　中国人发明的指南针，直到十二世纪才先后被阿拉伯人和欧洲人了解。在海上航行时，罗盘上的**罗盘玫瑰**可以用来指示方位。

　　计算纬度时，领航员要用到由希腊人发明、后来由阿拉伯人改进的**星盘和十字测天仪**，通过用仪器测量正午时分太阳到海平面的距离或午夜时分北极星到海平面的距离来推算船所在的纬度。

　　到了十八世纪，六分仪取代上述仪器用于测量纬度，但当时要准确测量经度还是比较难的事情。人们只能根据水流和船速估算经度。这时，人们会用到测程仪。测程仪实际上就是一根绳子，隔一定距离打一个结。水手把绳子放到水中，绳子被船拖着往前走。三十

秒后，水手把绳子拉上来，数数有多少节绳子入了水。这就是为什么人们将"节"作为航海速度单位。

最短路线

　　在海上，四角帆船很难逆风前进。印度洋上航行的水手们长期使用三角帆（也叫拉丁帆），这种帆有助于船逆风航行。后来，阿拉伯人将三角帆带到地中海。

　　从十三世纪起，尾舵被固定在船的中轴线上而非两侧，这样船更容易保持航向。

描绘世界

　　阿拉伯人是优秀的地理学家，他们翻译了古希腊和古印度的地理文献，特别是**托勒密**的著作。托勒密生于公元二世纪，他绘制了第一幅世界地图。一千年后，**西西里国王罗杰二世**请**伊德里西**制作了地球仪和世界地图。这是基督教国家的国王和阿拉伯地理学家的一次经典合作。这份花费了十几年苦功完成的世界地图在之后的几百年一直被奉为经典。

尾舵

三角帆
（欧洲人以前都用四角帆，后来跟着阿拉伯人学习使用三角帆）

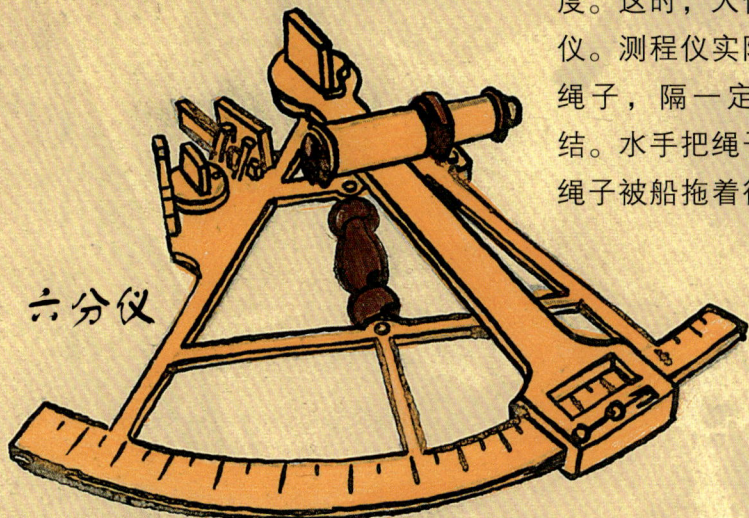

六分仪

　　地理大发现之前，东方国家控制着香料之路。十五世纪，《马可·波罗游记》播撒下的梦想种子促使探险家去发现新航路，这是变局的开始。葡萄牙人沿非洲海岸线不断向南航行，一个叫哥伦布的人无意发现了新大陆。从此，那些盛产受欢迎产品的国家长期受西方国家的殖民统治。

食盐之路

——生活——

如果说丝绸和香料是奢侈品，那食盐则是生活必需品。人类一直在寻找、获取和运送食盐。人们在非洲走出了食盐之路，这条路和亚洲的丝绸之路、香料之路一样重要。

地中海

非洲

尼日尔

图加勒

阿加德兹

阿伊尔高地

盐不是奢侈品！

不加盐的话，所有菜肴都会变得寡淡。几个世纪以来，盐被用于保存食物。更重要的是，人和哺乳动物都离不开它。一旦细胞中盐的比重下降，我们就必须立即补充盐分，使体内的电解质恢复平衡。

盐也是一种货币

在非洲，盐、苏丹的金子以及奴隶是沙漠商队运送的主要"商品"。买一个奴隶只需支付一盘和他的脚差不多大小的盐。

怎样找到盐？

非洲沙漠里有很多古代内海遗迹，这些地方蕴藏着大量的盐，比如尼日尔的比尔马就有这样的盐矿。图阿雷格人现在依然会穿越泰内雷沙漠来到这里。他们的商队使尼日尔三个地区的物资——卡瓦尔地区的盐和椰枣、阿伊尔高地的蔬菜和南部地区的小米得以交换。

跟随运盐商队穿越
泰内雷沙漠时写的日记

年迈的商人把骆驼交给年仅十六岁的孙子，这个年轻人的日记记录了他第一次跟随骆驼商队穿越泰内雷沙漠时的所见所闻。

图加勒（在尼日尔的沙漠中，以每年一次的盐疗节闻名于世）节日庆典上的选美比赛

沙漠

泰内雷之树

法希

比尔马

七月到九月

准备工作

现在正值夏季。我们要去因加勒，那里也有骆驼饲养员。之后的三个月，骆驼会在那儿吃富含矿物盐的草。对即将穿越泰内雷沙漠的牲畜来说，这些盐分必不可少，因为沙漠里没有牧草。九月连续三天的庆典将为"**盐疗**"画上句号。庆典上，人们载歌载舞，还要举行一场男性选美比赛，男人们渴望在比赛中引起女人的注意。

之后，我们会去阿加德兹，运盐路的起点。在阿伊尔高地的几个星期，我们要囤积草料。穿越沙漠时，这些草料将是骆驼唯一的食物。这种特殊的动物遇到障碍物时会突然做出受惊吓的反应。但是它们非常坚韧，而且性情温顺，这是沙漠旅行时不可或缺的品质。每个人都要照看一队骆驼。我负责照看的这一队有七只骆驼。

阿伊尔高地，真正的起点！

商队要出发了，单峰驼被编成四列纵队，用绳子相连，驼峰两侧挂着成捆的蔬菜、饲料和装满动物粪便的袋子。在没有木材的情况下，动物粪便是非常实用的燃料。牵骆驼的人走在每列纵队的最前面。我们这个商队总共十二个人、一百来只骆驼。我们按照当地话称呼队长为"马杜古"。这远比不上十九世纪沙漠商队的规模，那时候他们带领两三千头牲畜，要提防各式各样的袭击和抢劫。疲劳、缺水、迷路、沙尘暴等风险让旅程变得异常艰难。今天，我们不再害怕强盗打劫。

有几天，骆驼要在阿伊尔高地艰难前进，它们驮着重物，尖锐的碎石极易导致它们脚底打滑。晚上休整的时候，我们会卸掉它们身上的货物，并拴住它们的一条腿，以免它们在晚上为了找几口草吃走丢了。

沙漠

现在要面对的是沙漠。"Ténéré"（泰内雷）在当地语言中是"沙漠"的意思。凌晨4点半左右，我们就起床了。聚拢骆驼、给它们装货至少要花两个小时。我用三杯热茶配昨晚剩下的小米粥当早饭。刚吃完，商队就出发了。

清晨时分，一望无际的沙丘还是凉的。白天，队长通过太阳在地上投下的影子和风在沙丘上留下的波纹辨别方向。晚上，他借助猎户座和昴星团辨识东方，也就是比尔马的方向。

正午时分，商队继续前进，小男孩伊迪尔在队列中穿梭，分发"哈吉拉"，一种用山羊奶酪和碎枣制成的高营养食物。白天，我会独自朝着麦加的方向祷告三次。这时，我会把我这队骆驼的牵绳交给伊迪尔，他会自豪地牵着它们前行。祷告完毕，我会飞奔赶上商队，绝不能掉队或拖后腿。另外两次祷告分别在清晨和晚上进行。

泰内雷之树

总算到了泰内雷之树，那棵树旁边有一口水井！这棵孤独的金合欢是方圆四百公里范围内唯一的一棵树，地图上都标记了它的位置。可惜我没有机会看到这棵树，因为1973年，一辆卡车把树撞断了。这棵树太有名了，于是被尼日尔国家博物馆收藏了。在井附近，一棵很有设计感的金属树代替了它。

烈日当空，我们需要几个小时才能装满所有的羊皮袋和塑料容器。我们轮流喝水，骆驼要继续忍耐到下一站才有水喝，因为它们饮水要花更长时间。

通过这次休整，我们恢复了体力。之后，我们再次出发。一天中最热的时候，温度会达到60℃，这时我们会爬上坐骑，一边享受骆驼前进时的摇晃，一边抵抗睡意，以免跌落。

"挖沟"

　　伊迪尔和我都是第一次穿越泰内雷沙漠，所以大家要用一场"戏弄新生"的仪式来庆祝，当地话称之为"挖沟"。最开始，一些牵骆驼的人不知不觉间在沙丘后消失了，突然，他们变身灰头土脸的蒙面人，冲到我俩面前，把我们扑倒，我们叫着、笑着在沙丘上打滚。整个过程仅持续几分钟，但是特别有趣，之后大家都会回到队列中。

　　临近中午，地面上两道平行的车辙引起了我的兴趣。我问队长，他说，一辆卡车刚刚从这里经过。车上可能搭载了非法移民，那些人在自己的国家快要生活不下去了。

　　我开始感到疲惫。早上六点喝了小米粥后，我们只吃了一些"哈吉拉"，喝了点儿茶。今天最后一顿饭直到夜间休整时才吃，那个时候，我们已经步行了十四个小时，而且太阳早已下山。黑暗中，我们静静地卸下骆驼背负的货物。几头骆驼围成一圈，中间放着草料，它们贪婪地吞咽着食物。

沙尘暴

商队走了好几个小时，突然，我这队的领头骆驼不走了，并发出低沉的叫声，其他骆驼马上开始和它一样叫。滚烫的沙尘暴即将到来，动物比我们早感知到。它们聚在一起，把嘴埋进沙子里。每个人都用毯子掩住口鼻以免窒息。大风呼呼地刮了两天两夜，这两天两夜真的无比漫长。沙尘暴抹去了天地间所有的颜色，用沙粒拍打着抱成团的我们。突然，狂风停了，天地间一片寂静，被沙子覆盖的一切慢慢露出原形。我们抖掉货物上的沙尘，喂饱牲畜。准备好餐食后，大家轮流喝热茶，逐渐缓过劲来。仔细检查了一遍货物后，商队再次出发。

夜间休整的时候，大家都沉默不语。经历了两天的沙尘暴，人和动物都精疲力竭，大家狼吞虎咽地吃下晚餐后，赶紧钻进被窝。沙漠里温差极大，白天60℃，夜晚5℃。为了获得一点点温暖，我冒着被咬的危险紧靠着一头骆驼。

我毫无睡意。巨大的天幕上只有星星在闪耀，无比通透的夜空让我平静了下来。这种景致，我永远看不厌。

法希的水井

我们日复一日按照同样的速度前进。昨天，我们看到一支和我们相向而行的商队，我们远远地向他们挥手致意，然后继续赶路。人和动物都因为暑热变得昏昏沉沉。没有人愿意说话，除了骆驼在沙上行走的脚步声，再也听不到其他声音。几小时后，队长抓起一把沙子，仔细看了看，沙子的颗粒和颜色都有了变化，法希水井应该就在附近。一头骆驼因为口渴开始嘶叫，但依旧坚忍前行。

虽然盐矿遗址已经废弃，但水井还在。半咸水并不合人的口味，人喝这种水还会得病，但我们依然把羊皮水袋灌满了。至于骆驼，它们体内的水分储备已经彻底用光，所以争着喝水。要让所有牲畜喝够水，得花两天时间，之后我们才能重新出发。

第二十天

比尔马的盐场

离开法希，走了五天，已经可以看到卡瓦尔绿洲了。
终于到比尔马了。人和牲畜都打起精神，想尽快到达休息
站。骆驼饮水时，我将从阿伊尔高地带来的包袱在地上摊
开，里面有辣椒、西红柿、洋葱、干酪、玻璃器皿和布
料。我得跟人讨价还价好几个小时，才能将它们换成绿洲
产的椰枣。

距离城市两公里远的地方是荒凉炙热的盐场。盐场的
工人们在地面上挖深坑，等盐水中的水分蒸发后，他们会用
棍子将沉积在坑底的盐结晶敲碎，然后把它们装起来，带
出深坑。这个工作非常累人，盐场的温度最高可达70℃。
他们的腿脚因为长期浸泡在盐水中，早已被灼伤。其他工
人负责把混着黏土的碎盐灌入竹筒，制成盐包。女人们将
碎盐制成盐饼。

这两天，我们一直在买盐，我们会把盐和椰枣一起带
回阿伊尔高地。接下来的工序是小心翼翼地用干草包扎好
盐包。一块上好的盐包可以按进价的十倍售出，但是盐包
一旦碎了，就卖不上好价钱了。一切准备就绪，启程回阿
伊尔！

盐包　　盐饼

回程

到了晚上，金星出现在西方，那是我们回程的方向。

清晨，给骆驼装货的过程很不顺利，它们拒绝驮比蔬菜重得多的盐包。在比尔马的这几天，它们还没休整好。它们太累了，货包不断摩擦，把它们的背都磨破了，饥饿使它们焦躁不安。虽然戴着嘴套，一头骆驼还是吃到了前面骆驼背的盐包外面的干草。盐包掉了，所幸没有摔碎。

就在一天的行程快结束的时候，我最担心的事发生了，我这队单峰驼中最老的那只倒下了，它已经疲惫不堪。不管我怎么努力都无法让它再站起来。我必须狠下心给它一个了断，而且要放弃它背的货物。

过了泰内雷之树，我们终于看到阿伊尔高地蔚蓝色的山峦。再走几天就到阿加德兹了。离开一个月，走了一千二百公里，看到熟悉的清真寺尖塔，我们十分欣喜。

每支商队每年只在阿加德兹和比尔马往返一次，第二年才重新出发。不过有些商队到比尔马后会继续往尼日尔南部走，他们会带上在比尔马购买的盐，去把盐换成小米。他们会在那边待几个星期，单峰驼可以利用这段时间在刚刚收割过的庄稼地里吃草，填满自己的驼峰。之后，他们才回家，回到九个月前离开的位于阿伊尔高地的家乡。和家人共度三个月后，他们将重新出发。

骆驼商队存在了几个世纪。在整个二十世纪，他们的贸易只因为大旱中断过两次。大旱时，沙漠绿洲要靠汽车运送生活物资。之后，骆驼商队虽然恢复了运营，继续沿这条路线往返，但他们经常被货车商队超越，货车比他们早抵达各地市场，促使商品价格下降，这导致骆驼商队的利润越来越少。图阿雷格人试着维持这种货物贸易，因为尼日尔三地的货物可以互补，而且对他们来说，这也是在维持他们的生活方式和传统。

35

黄金之路
——痴迷——

　　东方的丝绸、香料和钻石让西方人着迷。西方国家对黄金的需求量越来越大。与此同时，葡萄牙人和西班牙人希望绕过控制地中海贸易的阿拉伯人和意大利人。因而，从十五世纪起，寻找黄金、开拓另一条通向神秘的"印度群岛"的商路成了他们的执念。

欧洲

非洲

安的列斯群岛

贝宁湾
（曾经的奴隶海岸）

南美洲

大西洋

哥伦布让西班牙国王相信，去东方最好的方法是绕地球西行。这条海路让他意外发现了新大陆。他起初误以为这里是印度附近的岛屿，后来人们才把这里命名为美洲。为了将新大陆的财宝运到欧洲，人们创建了连接欧洲、非洲和拉丁美洲的三角贸易网络。

哥伦布

对黄金的痴迷

对香料的渴求加上对贵金属的痴迷促成了西班牙人对美洲的掠夺。

十五世纪末十六世纪初，西班牙人登陆中美洲和南美洲，最早发现印第安人的征服者惊讶地发现这群"野蛮人"居然戴着黄金首饰，他们祭祀用的金器也非常精美。耀眼的黄金令西班牙人痴迷，也勾起了他们的贪念。他们掠夺**印加帝国**和阿兹特克帝国的黄金。金器被熔化、铸成金条，运往西班牙的银行。

然而眼前的黄金终有搜刮干净的一天，于是他们开始探寻传说中的黄金城，后来还真找到了！他们在巴西发现了金矿和钻石矿，在墨西哥和秘鲁发现了银矿，其中最大的银矿在秘鲁，位于现玻利维亚波托西。开矿彻底改变了印第安人的生活和欧洲贸易模式。

蔗糖——"白色的金子"

其他欧洲列强也开始殖民扩张。

这个时候，葡萄牙人踏上了巴西的土地，很快就在沿海地带开办甘蔗种植园。他们通过蔗糖获得了巨大财富，人们因此把蔗糖称为"白色的金子"。荷兰人对此垂涎欲滴，他们拼尽全力想取代葡萄牙人。西班牙人、英国人和法国人也想从中获利。

十七世纪，法国国王路易十四控制了安的列斯群岛，法国人也开始开办种植园。然而，不管是开矿还是经营种植园都需要大量劳动力。上哪儿找劳动力呢？

劳动力大量死亡

殖民者在数十年间摧毁了美洲当地的文明。他们大肆开矿，导致当地原住民几近灭绝。

在印加帝国，每人每年要服几个月苦役，参与公共工程建设。西班牙人延续了这种强制劳动的做法，把印第安人变成了廉价劳动力，让他们轮流下矿井，每年在恶劣环境中工作十个月。矿道里，高温令人窒息；矿道外，高原上寒风刺骨。印第安人不断把矿车拉到地面，累得精疲力竭，他们还染上了殖民者带来的传染性疾病，如流感和天花。成千上万印第安人丢了性命，劳动力逐渐出现短缺。

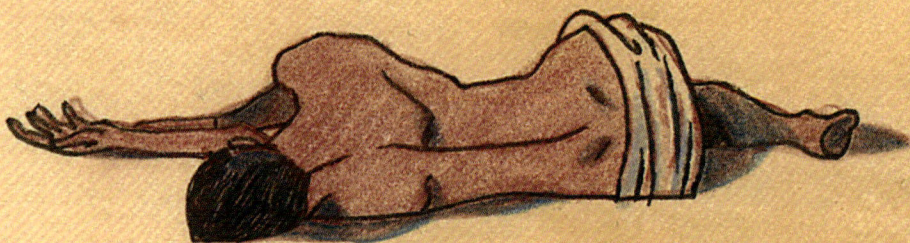

寻找奴隶

十六世纪，欧洲人不断开发殖民地，这加剧了原本早已存在的奴隶制的扩张。

在甘蔗种植园里，原住民已经沦为奴隶。矿主也采取了类似的制度，他们在森林里抢人，未能侥幸逃脱的原住民被扔到矿井里干活。后来随着印第安人数量骤减，西班牙国王决定向殖民地输送非洲奴隶。

几百年来，在非洲，那些在部落冲突中被俘虏的人会被带到市场上拍卖。

黑奴贩运船

高死亡率导致殖民者对奴隶的需求居高不下。

黑奴贩运船去非洲购买奴隶。买到后，船主立刻用烧红的烙铁在他们身上烙下印记，然后把他们关进船舱，每层铺位只有八十厘米高，他们只能坐着或者躺着。他们两人一组被铁链锁着，呼吸不到新鲜空气，在黑暗中挤成一团。加上各种流行病，很多黑奴在运送途中死去。等待那些活下来的黑奴的将是矿井或者种植园的艰苦工作，那里的死亡率也非常高。妇女和五岁以上的儿童也难逃这种牲口般的命运。

黄金船队

为了垄断美洲贸易、保护本国船只，西班牙从十六世纪中叶起组建了海上船队。

西班牙武装商船为南美洲的侨民提供小麦、油、葡萄酒、家禽、工具等，从而换得黄金。武装商船比拉丁式大帆船结实，运力是拉丁式大帆船的十倍，还安装了大炮。所有人对这些载着金银财宝的船垂涎欲滴。很快，西班牙组建了两支武装船队——新西班牙船队和陆地船队。前者每年四月前往安的列斯群岛和墨西哥；后者每年八月启程前往南美洲。回程时，它们经过古巴，在那儿装上金银，然后驶向西班牙南部最大的港口塞维利亚。

西班牙也和亚洲做生意。整个十七世纪，西班牙的"马尼拉大帆船"每年两次往返于墨西哥和菲律宾。这些商船满载银圆前往亚洲，从那儿换回丝绸、瓷器、象牙和漆器。船队抵达美洲后，会在当地举办盛大的集市，销售货物。

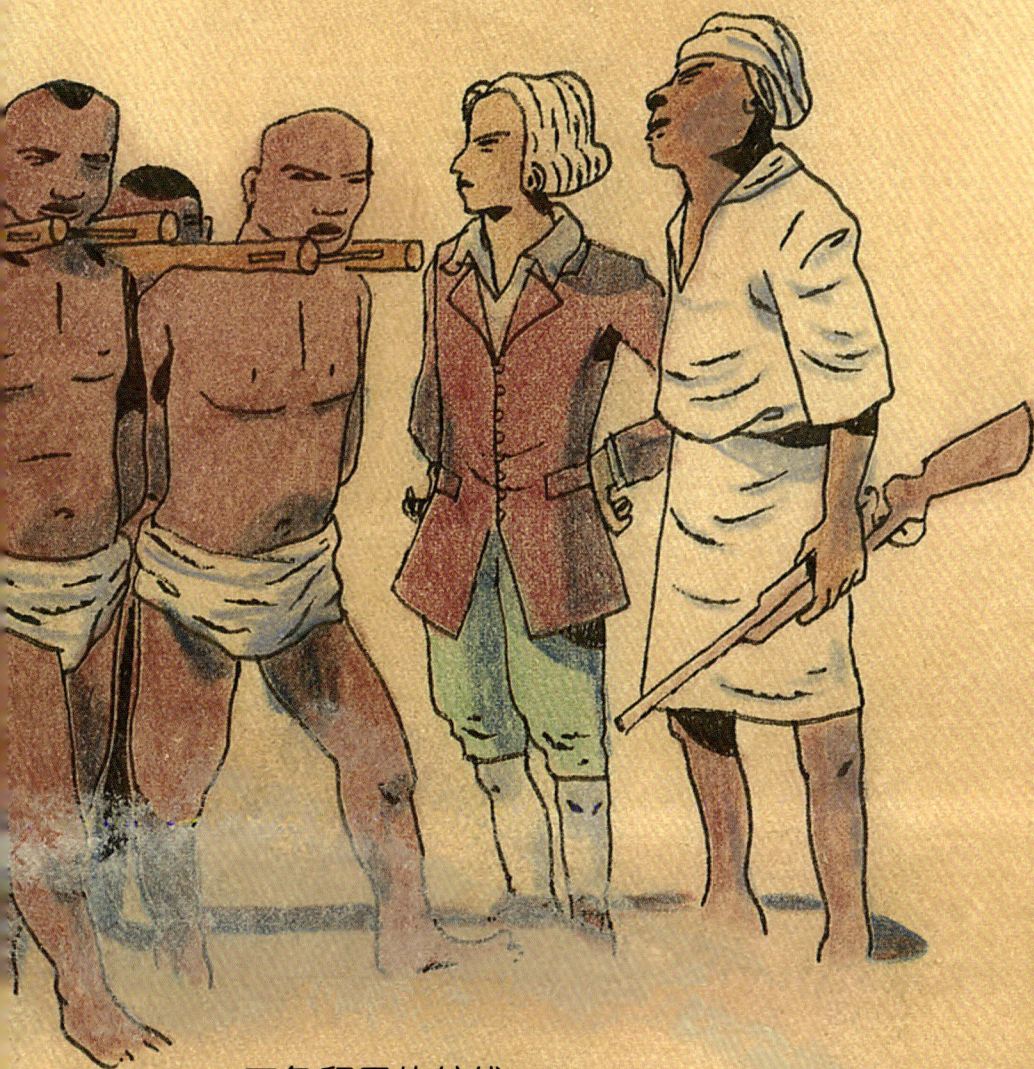

三角贸易的航线

十八世纪，奴隶贸易达到顶峰。

贩运黑奴的船从欧洲各大城市启航，船上装载着鲜艳的布料、别针、玻璃珠、枪支和火药等。到了非洲，这些货物被换成大批黑奴，欧洲人把他们比喻成"**黑木**"。然后，船只继续驶向南美洲和安的列斯群岛，奴隶被卖给矿主和种植园主，贩卖奴隶的钱被用于购买热带作物，如咖啡、可可、糖等。随后，这些货物被运到欧洲贩卖。

私掠船和海盗船

　　每次远洋航行对商船来说都是一次冒险，谁也不敢保证可以平安抵达目的地。途中可能遇上海盗，海盗中最有名也最凶残的当属"**黑胡子**"。这个英国海盗随身携带刀剑，六把手枪从不离身，他在加勒比海四处打劫。被劫船只的船员要是投降，还能活命；要胆敢抵抗，就格杀勿论。

　　除了海盗，商船还会被私掠船袭击。这些船背后有国家撑腰，他们有的为法国国王而战，有的为英国王室效力。私掠船的船员被俘后会被当成战争俘虏而非海盗处置。

　　弗朗西斯·德雷克是一位著名的私掠船船长。他从十一岁开始航海，做了几年黑奴贸易后转而为英国女王**伊丽莎白一世**效力。为了控制与新世界的贸易，英国和西班牙打得难解难分。德雷克以女王之名扫荡西班牙在美洲的殖民地，击沉敌方船只。他甚至在打败西班牙**无敌舰队**的战役中立过功，因此被女王封爵，最后因患**痢疾**去世。

　　对船员来说，打海战如同下地狱。船只有时会被炮轰两百多次。炮弹就像雨点一样从天而降，在船上砸出大洞，砸断桅杆，砸死船员。那些侥幸活下来的船员会找个海岸避难，然后花几个星期把船修好。

弗朗西斯·德雷克

顺风航行和精确定位

海路的选择取决于风向。北半球信风带的风向是从东北吹到西南，船可以借着风势，轻松地从西班牙驶向安的列斯群岛和美洲，整个航程用时两到三个月。回程因为逆风，会比较艰难，用时会增加一个月。

长途航行时船只必须确定方位，精确计算经度成为亟待解决的问题。十八世纪，为了鼓励这方面的研究，英国举行了一场比赛。一位英国钟表匠赢得了比赛，他发明了在当时看来精确得令人惊讶的天文钟。航海出发时，带上天文钟，让它一直保持准确走时，到达一个新地方后，把天文钟的时间与当地时间比较，利用时差就能确定船所在的经度。经度计算问题终于得以解决。

财富易手

海上贸易使欧洲经济陷入动荡。西班牙想要垄断和美洲的贸易往来，但是遭到其他欧洲强国的抵制。各国既进行经济战，又进行海战：互相抢劫港口、货仓，攻击对方船只，有时甚至在海上发动战争。

大量流入西班牙的金银逐渐抬高了当地的物价。比利时弗拉芒商人和荷兰商人趁机以低价策略向殖民地倾销商品，并逐渐占领了这些市场。荷兰的金融机构发展壮大，并最终超过了久负盛名的意大利金融机构。

发现新大陆之后，欧洲人绕开阿拉伯商人控制的地中海，他们更愿意将精力集中在大西洋和太平洋贸易上。

这条通往新世界的商路颠覆了欧洲、非洲和美洲的关系。亚洲仍然吸引着欧洲人，欧洲各国纷纷建立"东印度公司"来开辟新的贸易之路。

茶叶之路
——竞争——

　　公元十五世纪，葡萄牙人在开发非洲西海岸的同时，也在寻找通向东方的新航路。在葡萄牙亲王、航海家恩里克王子的鼓励下，葡萄牙人不断往南推进。1498年，他们成功了！达伽马绕过好望角，进入印度洋，来到印度的卡利卡特，与远东地区的香料运输线建立了联系。

十五世纪，在恩里克王子的推动下，葡萄牙航海技术得以快速发展。他在葡萄牙南部组建了一个真正意义上的海上探险实验室——建造帆船的**船坞**。帆船同时装配了四角帆和三角帆，这样更容易借助风力，可以走更近的路线。恩里克王子还要求船长使用罗经，也就是航海用的指南针，不过水手们有点儿排斥这种仿佛有魔力的仪器。他们还要留存**航海日志**，记录风向、海水的流向和岛屿等以便完善**波特兰海图**，波特兰海图包含了风向、港口和海岸等地理信息。所有这些还要呈现在皇家地图上，这份地图对外保密。得益于这些准备工作，葡萄牙人于十六世纪开辟了通往东印度群岛的海上新航路。

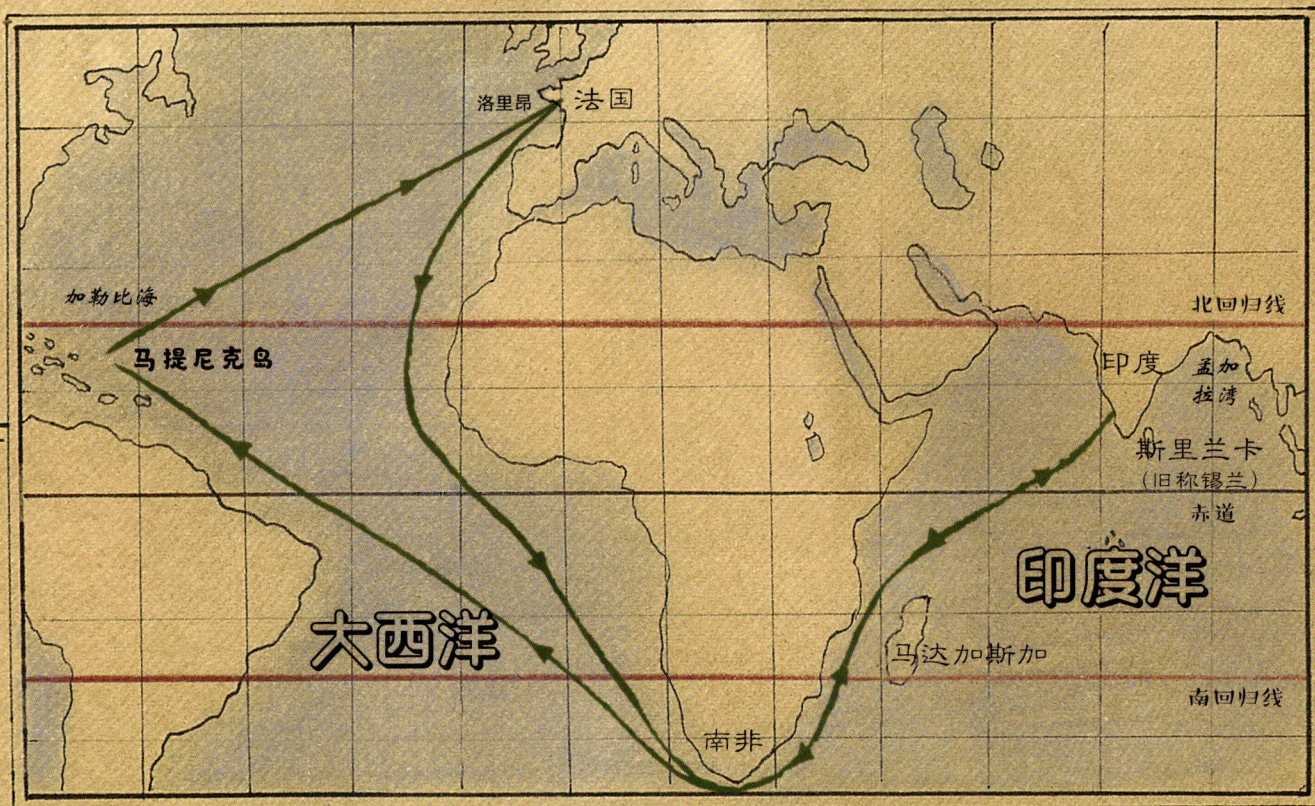

东印度公司

英国和荷兰紧随葡萄牙，也加入新航路的开辟。每个国家都创办了东印度公司，英国人创办的东印度公司的绰号是"老太太"。荷兰人创办的东印度公司的缩写是VOC，它将货物从阿姆斯特丹分发到整个欧洲。法国人创办的东印度公司位于现在的留尼旺和毛里求斯。

让人眼红的茶叶贸易

为了争夺利润最丰厚的市场，东印度公司攻击商船，窃取货物，相互开战，毫不留情。

茶叶是最受欢迎的商品之一。茶叶是在1606年传入欧洲的，当时第一批茶叶从爪哇岛运抵阿姆斯特丹。之后的一百年间，为了保住对茶叶贸易的垄断，荷兰和英国冲突不断。到十九世纪，茶叶贸易仍是各东印度公司的主要竞争项目。

作家罗贝尔·沙勒撰写的
东印度群岛旅行日记

1690年2月～1691年8月

　　1690年，法国国王派遣一支船队前往印度，这支船队由战船组成。船队肩负双重任务——驱赶英国和荷兰的船只并重整与亚洲和印度洋沿岸国家的贸易往来。一份与此相关的珍贵史料——作家罗贝尔·沙勒撰写的旅行日记留存至今。我们将通过日记了解船队所经历的波折。现在请立即登船，终点——东印度群岛！

洛里昂
路易港

里斯本

加那利群岛

北回归线

佛得角群岛

1690年2月24日，星期五

船队从法国的洛里昂起航。船队由六艘船组成——迪凯纳先生乘坐的指挥舰"强悍号"以及"飞鸟号""兴盛号""猛龙号""雄狮号""暗礁号"。作为随船作家，我乘坐的是"暗礁号"。这些船既是商船也是军舰，220门大炮守护它们的安全。除了船员，船上还搭载了各种职业的人——商人、士兵、传教士（主要是**耶稣会士**）等，以及要回国的中国人。

法国船只有时候会与英国、荷兰的船只交战，所以必须装备大炮并搭载士兵来保障船只的安全。

1690年3月3日，星期五

我是随船作家，还担任一些后勤工作。我和"暗礁号"的船长以及一位军官组成了"逍遥三人组"，我们私藏了八十瓶酒。只要我们三人中的一人手指指向喉咙，我们就溜到我的房间喝喝小酒，润润喉咙。

1690年3月5日，星期天

现在我们在里斯本附近。海面上风平浪静，我们玩了会儿牌。

1690年3月7日，星期二

借助**信风**，我们已经可以看到加那利群岛了。

这里的信风指加那利群岛附近的东北风，有时它能把船送到赤道附近。对船员来说，信风是个好帮手。

1690年3月20日，星期一

"强悍号"掉了一根桅杆，拖累了整支船队的行程。船队两天前在佛得角群岛的一个岛附近**抛锚**了。因为法国地图、荷兰地图和葡萄牙地图各不相同，我们无法得知这个岛的准确经度。

在那个时代，星盘可以测出太阳相对于海平面的高度，这样就能算出纬度。然而经度的测算就没法做到这么精确，船员只能估算经度。传教士通常也是优秀的科学家，他们会贡献自己的天文学知识，帮助船队。

赤道　　　　　　　　　　　　　　　　　南回归线　　　　　马达加斯加

1690年3月21日，星期二

今天发生了出海以来的第一次事故，"暗礁号"的一名水手攀爬**桅索**时坠海，淹死了。

1690年3月27日，星期一

接近赤道时，大量飞鱼跃出海面，冲向我们的船帆。

1690年4月12日，星期三

继"暗礁号"的水手失足跌入鲨鱼出没的海域死亡后，又有一位水手被高热夺去了生命。我们为死者举行了祷告仪式，然后在他脚上绑了两颗沉甸甸的炮弹，把他滑入大海。这是海上的习俗，大海就是墓地。

1690年4月23日，星期天

几天前，我们的船长病倒了，今天他病逝了，船员们十分沮丧。按照他的遗愿，我们每隔一刻钟放一次炮，用六响礼炮为他送行。

1690年4月29日，星期六

因为船长去世，我们推迟了几天才举行传统的**"赤道洗礼"**。洗礼过程是：乔装打扮的老船员突然闯进来，他们脸上抹着烟灰，操着各式厨具，把第一次跨越赤道的新人水手扔进大木桶里，给他们"洗礼"。资深的水手还会爬上桅索，朝新人泼水。之后，新人要往一个坛子里捐钱。在接下来第一次靠岸的地方，这笔钱将用于采购新鲜食材。所幸我之前就穿越过赤道，他们这次不会骚扰我。

1690年5月2日，星期二

我们要等西风，西风能把我们推进南回归线和好望角。在我的提议下，船员开始收集雨水以节省对储存用水的消耗。但一段时间后，水里生小虫子了。即便这样，我们还是得喝下去。

1690年5月12日，星期五

前天晚上，我们越过了南回归线。此前我们花了39天从北回归线航行到赤道。从赤道到南回归线，我们只花了24天。

49

马达加斯加

科摩罗群岛

赤道

斯里兰卡（旧称锡兰）

本地治里

1690年6月23日，星期五

沿着马达加斯加岛的海岸向北航行，我们来到了科摩罗群岛。此时这里正值严冬，而法国却是盛夏。我们在这里停靠了一周，让16名坏血病患者上岸治病。

十五世纪到十八世纪，船员经常罹患坏血病，因为他们在长途航行时吃不到新鲜蔬菜和水果。患者会出现牙龈肿胀、出血等症状，有的患者甚至会因为失血过多身亡。最后，人们通过食用富含维生素C的食物，如卷心菜和柠檬等战胜了这种疾病。

1690年7月3日，星期一

装上木材、淡水、水果、蔬菜、牛羊肉和鸡肉后，我们重新出发。英国的"菲利普·哈伯特号"进入了我们的视线，两国船只发动了战斗，"菲利普·哈伯特号"的船长发现被法国舰队包围后，自己搭小船逃命了，留下船员和船只一起被大火吞噬，有的人不得不跳海，但也难逃溺亡的命运。法国船员很失望，因为他们本想拿到英国船只上的货物。

1690年7月21日，星期五

指挥舰上的一名水手不小心跌落大海，这是出发以来的第三例了。船队抵达锡兰。荷兰人从葡萄牙人手中夺走了这座岛，并控制了沿岸的香料贸易。听说，在离岛十几公里远的地方就能闻到肉桂和丁香的味道，因为岛上盛产这两种香料。我闻了半天也没闻到任何气味！

1690年7月29日，星期六

船队洗劫了"蒙福尔号"，这艘荷兰船载满了大米、武器、药品和银圆。船员抢走了船上的物资并私藏了起来。等他们回到法国以后，他们的行为将受到司法审判。

1690年8月10日，星期四

我们到达印度本地治里（法国殖民地）时，当地人准备了九响礼炮表示欢迎。岸上每发一炮，指挥舰"强悍号"就回鸣一炮。我们在这里停靠了十二天。在这座城市，我们买到了布匹、胡椒、丝绸和孟加拉国产的**硝石**。

金奈（旧称马德拉斯） **巴拉索尔** **孟加拉湾**

1690年8月25日，星期五

在离马德拉斯不远的地方，我们和五艘英国船、九艘荷兰船打了一场艰苦的海战。后来敌船得到了岸上堡垒的炮弹支援，我们只得放弃。

和孟买一样，马德拉斯没有被荷兰人占领。于是英国人在那儿驻扎了下来。

1690年8月26日，星期六

我们对一艘英国船进行了登船搜查，船员都跑了，他们不希望船上的物资落到我们手上，于是放火烧船。为了熄灭船舱里的火，我差点儿丢了性命。

1690年9月上半月

我们将船停靠在孟加拉湾附近，补充蔬菜和肉类后重新出发。然而糟糕的天气使船失散了。几位船长十分担心，因为这片水域敌船很多，独自航行非常危险。

1690年10月到12月

我们在孟加拉湾的一个小岛找到了其他船，随后，船队在那里休整。多雨炎热的气候对我们来说是一种灾难，很多人因为高热丧命。身体健康的人也不能下水游泳，因为有鳄鱼，也不能去岸上散步，因为有老虎、水牛和大象。我承担了繁重的工作，既要订购物资，还要接收所有物资。

十月到一月的气候对船员的健康极其不利，这种时候船队只能休息，等待季风转向，回程的时候需要借助自东向西吹的风。

51

本地治里

赤道　南回归线

南回归线　　赤道

阿森松岛

1691年1月12日，星期五

返回法国前，我们再次停靠本地治里。此时，船队满载货物和家禽，大炮附近都无处下脚。这种时候可千万不要碰到敌船。我们已经感觉到了赤道的高温，季风增加了降水量。

搭载的货物可能是棉布、丝绸、胡椒、硝石，还可能是茶和咖啡。

1691年3月1日到3日

连续三天的暴雨导致船舵受损，船员们以为迷航了。我给手枪上了膛，做好了船如果沉了就开枪自尽的准备。天气好转后，我们发现损失惨重——面包、大米和成包的货物都进了水，三分之二的牲畜失踪了。船上到处都是水。一位水手被活活吓死了。

1691年4月9日，星期一

我们暂时告别船队，试着靠岸休整一番。后来，我们绕过好望角，那是最后一个会碰上坏天气的地方。全船齐唱《感恩赞》，感恩上天保全了自己的性命。

1691年5月7日，星期一

我们离开了阿森松岛。船上闹起了鼠疫，52人患病。为了预防鼠疫，我每天早上喝浸了大蒜的烈酒。饼干上全是虫子。一个饥饿难忍的水手连老鼠都吃了，他还把虫子当成黄油酱涂在面包片上，一脸轻松地吃进了肚子里。

1691年6月4日，星期一

我们在马提尼克岛皇家港停船休息。

马提尼克岛

北回归线

洛里昂

皇家港

贝勒岛

格鲁瓦

1691年7月3日，星期二

我们离开了马提尼克岛，终于找到了其他船，还有八艘军舰、一艘来自圣马洛的私掠船和十五艘商船，这些商船想跟我们做伴，一起航行到北回归线附近。

1691年7月11日，星期三

经过北回归线后，我们进入了温带。我们再也不用担心敌方的私掠船了，商船也不再需要我们的陪伴。

1691年8月19日，星期天

已经可以看到法国的贝勒岛和格鲁瓦了。

1691年8月20日，星期一

船队回到了洛里昂。我们的冒险之旅终于结束了。

这次航行耗时一年半，有时往返一次甚至需要两三年时间。每六艘船中就有一艘无法返航，每三到四个船员中就有一个因为溺水、坏血病或者高热而丧命，或者在受到敌船攻击时遇害。这本日记展现了船队在旅途中遇到的种种困难。这种航行虽然获利颇丰，但是风险也特别大。

结　语

　　人们踏上这几条路，或是为了追逐梦想和信仰，或是为了获取令人着迷的商品，或是为了探索神秘的世界。几个世纪以来，无论是沙漠里的骆驼商队还是远洋航行的商船，都坚定地穿行于天地之间，穿越沙漠，横渡大洋，遭受匪徒和海盗的袭击，忍受沙尘暴和飓风，接受图阿雷格人的"挖沟"或"赤道洗礼"，通过太阳和星星辨别方向，孤独地面对大自然。在这两种极端环境中，人类面临着类似的风险，只有调动所有资源才能生存。人类的这些冒险活动也让不同大洲的人相遇了，进而分享彼此的智慧和文化。

　　十五世纪之前，东方是商路的主宰。东方的商品令人目眩神迷，能带给人们视觉和触觉上的享受，能使人们的嗅觉和味觉得到满足。东方控制着交流活动。东方也是发明创造的发源地。

　　后来，地理大发现改变了这一趋势。掌握了新发明的西方航行得更快、更远。西方凭借有效的技术手段、军事优势和对新路线的掌控称霸全球，在美洲、非洲和亚洲建

立殖民地，对其进行统治和管理，这种情况一直持续到二十世纪。

今天，全球化加速了贸易进程。当今世界，人与人之间的时空距离不断缩短，为了交换或者购买货物踏上这些贸易路线的人越来越少。

然而，仍然有人梦想走入广袤的空间，期待出发去远行。他们中，有的人冒险参加海上竞赛，比如杜鲁姆航线和从魁北克到圣马洛的横渡大西洋活动，他们在追寻早期海上探险家的足迹。另外，受好奇心驱使，新一代探险家希望去发现不同的文化、思维方式和生活方式。所有人都有一个共同的愿望——丰富自己的精神世界，让自己的生命更有广度。

人物表

阿波罗：古希腊神话中以英俊著称的神。

奥德修斯：古希腊伊塔卡岛国王，以足智多谋闻名于世，古希腊神话中的英雄，对应古罗马神话中的尤利西斯。曾参加特洛伊战争。荷马史诗《奥德赛》讲述的就是他在特洛伊战争结束后，历经十年的艰辛漂泊，最终回到故乡的故事。

成吉思汗（约1162—1227）：蒙古帝国的建立者。

佛陀：原名乔达摩·悉达多，古印度迦毗罗卫国（今尼泊尔境内）的王子，出生于公元前六世纪，佛教创始人。

弗朗西斯·德雷克（1540—1596）：英国海员，为伊丽莎白一世效力的私掠船船长，为英国在海上击败西班牙无敌舰队做出了贡献。

汉武帝（公元前156—前87）：中国汉朝的皇帝，他抵挡住了边境游牧民族的入侵。

黑胡子（1680—1718）：英国海员，起初是打着英国王室旗号的私掠船船长，后来成了以残忍著称的海盗。

忽必烈（1215—1294）：蒙古大汗，成吉思汗之孙，建立元朝，定都大都（今北京），统一了全中国。

托勒密（约90—168）：古希腊天文学家，认为地球是宇宙中心。

圣路易（1214—1270）：路易九世，当政期间被人们尊称为"圣路易"，被奉为中世纪法国乃至全欧洲君主的楷模，多次发动十字军东征。

西西里国王罗杰二世（1095—1154）：西西里第一任国王，他请伊德里西制作了地球仪和世界地图，并将世界地图收录到《罗杰之书》中。

辛巴达：波斯民间传说中的英雄水手，七次沿亚非大陆的海岸线航行，探险经历富有传奇色彩。

玄奘（602—664）：中国佛教僧侣，人生跌宕起伏，前往印度带回大量经书的惊世旅行使他名垂青史，是中国古代最著名的历史人物之一。

亚历山大大帝（公元前356—前323）：20岁成为马其顿国王，随后攻占中东、中亚，直抵印度。33岁辞世后，他建立的庞大帝国很快便分崩离析了。

伊本·白图泰（1304—1377）：地理学家、探险家，足迹几乎遍布所有信奉伊斯兰教的国家，留下了具有史料价值的翔实游记。

伊德里西（1100—1166）：阿拉伯地理学家，他绘制的世界地图在几个世纪里都被奉为经典。

伊丽莎白一世（1533—1603）：英格兰和爱尔兰的女王，亨利八世之女。

张骞（公元前164—前114年）：为了对抗侵扰中国北方的匈奴，汉武帝派他出使西域，寻找同盟。他对中亚的了解促使丝绸之路诞生，也促进了这条路上的贸易往来。

术语表

波特兰海图：中世纪和文艺复兴时期使用的航海地图，标绘着港口和海岸线的位置。

赤道洗礼：船上的一种习俗，第一次乘船穿过赤道的人要接受洗礼。

船坞：停泊、修理或制造船只的坞式建筑。

大汗：对中国古代北方游牧民族最高统治者的称呼，意为"首领""元首"。

地理大发现：十五世纪到十七世纪欧洲的重要认知运动，又名"新航路的开辟"，这场运动引发了众多技术革新，特别是航海方面的。

东印度公司：些欧洲国家为了控制和亚洲国家的贸易成立的贸易公司。

方济各会：天主教修会之一，提倡过清贫的生活，会士间互称"小兄弟"。

汗血宝马：产自费尔干纳盆地的神马，据说奔跑时肩膀附近会流出像血一样的汗液，故称"汗血宝马"。

航海日志：用于记载航行中遇到的事件和相关地理信息的日记。

黑木：对从非洲运出来的成批黑奴的旧称。

黑奴贩运船：在非洲海岸航行，主要进行黑奴贸易。

季风：随季节而改变风向的风，主要是由海洋和陆地间温度差异造成的。季风在夏季由海洋吹向大陆，在冬季由大陆吹向海洋。

《金刚经》：佛教的重要经典。

景教：最早传入中国的基督教派。

痢疾：一种由细菌或寄生虫引起的疾病，严重时可致人死亡。

联合国教科文组织：成立于1946年，旨在通过教育、科学和文化促进各国合作，对世界和平和安全做出贡献。

罗盘玫瑰：又叫"罗盘方位图"，是罗盘上用于指示方位的图案。

麦加：伊斯兰教圣地，每个穆斯林一生至少要去一次的地方。

牦牛：长毛反刍动物，中国青藏高原地区的主要力畜，有"高原之舟"的美誉。

抛锚：把锚投入水中，使船停稳。

群岛：一连串岛屿所组成的岛屿群体。

桅索：用于让船的桅杆保持稳定的缆绳。

无敌舰队：十六世纪晚期西班牙著名的海上舰队，有150多艘大型战舰、3000余门大炮、数以万计的士兵。最盛时舰队有千余艘舰船，他们骄傲地自称为"无敌舰队"。

西班牙武装商船：一种大型商船，十五世纪到十九世纪作为西班牙的运宝船而闻名，它们当时的任务是从美洲向西班牙本土运送金银财宝和各种香料。

芳香植物：可用于烹饪、制香、制药的有香气的植物。

硝石：制造火药的原料之一。

信风：在赤道两边的低层大气中，北半球吹东北风，南半球吹东南风。方向很少改变，稳定出现，很讲"信用"，所以叫"信风"。

信使：一国派往他国的、负有特别使命的代表。

星盘和十字测天仪：希腊人发明、后由阿拉伯人改进的测量仪器。

匈奴：中国古代北方游牧民族，公元前三世纪到公元前一世纪，对中国北方地区造成了极大的威胁。

盐疗：尼日尔的饲养员会在特定时间把牲畜带到因加勒，让它们吃那里富含矿物盐的草。

耶稣会士：十六世纪由西班牙贵族依纳爵·罗耀拉创立的天主教耶稣会的神职人员。

驿站：东方用于接待商队的旅馆。

印加帝国：十五世纪到十六世纪美洲地区最大的帝国，版图几乎覆盖整个南美洲西部，后被西班牙征服者推翻。

First published in France under the title：

Les grandes routes

Copyright © 2011 by Editions du Seuil.

Simplified Chinese rights are arranged by Ye ZHANG Agency (www.ye-zhang.com)

Simplified Chinese translation copyright © 2022 by Beijing Science and Technology Publishing Co., Ltd.

著作权合同登记号　图字：01-2021-6469

审图号：GS（2021）6411 号

图书在版编目（CIP）数据

走出来的世界简史 /（法）安妮克·德吉里著；（法）克里斯托夫·梅兰绘；邓颖平译. —北京：北京科学技术出版社，2022.4

ISBN 978-7-5714-2144-1

Ⅰ.①走…　Ⅱ.①安…②克…③邓…　Ⅲ.①世界史—儿童读物　Ⅳ.① K109

中国版本图书馆 CIP 数据核字（2022）第 035245 号

策划编辑：李心悦
责任编辑：樊川燕
封面设计：沈学成
图文制作：天露霖文化
责任印制：张　良
出 版 人：曾庆宇
出版发行：北京科学技术出版社
社　　址：北京西直门南大街16号
邮政编码：100035
电　　话：0086-10-66135495（总编室）　0086-10-66113227（发行部）
网　　址：www.bkydw.cn
印　　刷：北京盛通印刷股份有限公司
开　　本：889 mm×1194 mm　1/12
字　　数：75千字
印　　张：6
版　　次：2022年4月第1版
印　　次：2022年4月第1次印刷
ISBN 978-7-5714-2144-1

定　　价：88.00元